MON CE1D EN NÉERLANDAIS

CHRISTEL SIMON

SOMMAIRE

INTRODUCTION

Le CE1D, il faut t'y préparer, c'est sûr !
Mais tout d'abord, pas de stress !

Ce livre d'exercices t'offre une excellente préparation à la réussite du CE1D.

Les différentes questions te mettent en situation d'évaluation afin que tu appréhendes le mieux possible ce que l'on attend de toi.

Pour répondre aux exigences du programme, ce CE1D te permettra d'aborder les thèmes des deux premières années.

Chaque question est accompagnée d'une aide méthodologique qui t'aiguillera dans ta préparation.

Le correctif te permettra également de vérifier l'acquisition de la matière.

Tout est mis en oeuvre pour que tu te sentes rassuré et accompagné dans ce nouveau processus d'évaluation.

Alors, lance-toi, et bon courage !

INTRODUCTION

Entrons dans le vif du sujet...

Quand tu étudies une langue, on te demande de développer quatre compétences.

Mais c'est quoi, les compétences ?

On te demande d'être capable, d'être compétent, dans quatre domaines différents.

1) Tu dois pouvoir comprendre un texte que tu entends. On parle alors de compréhension à l'audition.

2) Tu dois pouvoir lire un texte, il s'agit de compréhension à la lecture.

3) Tu dois être capable d'écrire un texte, c'est l'expression écrite qui est alors testée.

4) Vient ensuite l'expression orale. Tu dois pouvoir t'exprimer oralement, en interaction avec d'autres personnes.

En classe, tu fais également des exercices de grammaire et de vocabulaire. Ces exercices sont là pour t'aider à développer les quatre compétences.

Lors du CE1D, tu ne seras pas interrogé sur la grammaire ou le vocabulaire, mais uniquement sur les compétences. Cependant, ne les néglige pas, ce sont tes outils pour y arriver !

Les thèmes

Dans ce petit carnet, certains thèmes ont été regroupés pour arriver à une liste de 10 thèmes. Tu trouveras un exercice pour chacune des compétences, pour chaque thème.

40 exercices pour te préparer au mieux !

INTRODUCTION

Thème 1 : Caractéristiques personnelles
Thème 2 : Descriptions physiques, caractère et vêtements
Thème 3 : Vie quotidienne
Thème 4 : Nourriture et boissons
Thème 5 : Habitat
Thème 6 : Transports, voyages et vacances
Thème 7 : Sports et loisirs
Thème 8 : Météo et activités futures
Thème 9 : Santé et bien-être
Thème 10 : Ville et indication du chemin

COMPRÉHENSION À LA LECTURE

1. CARACTÉRISTIQUES PERSONNELLES

Contexte : tu recherches quelqu'un qui pourrait correspondre avec ta sœur qui termine sa deuxième année du secondaire et qui a quelques difficultés d'apprentissage en néerlandais. Tu viens de trouver une petite annonce qui semble convenir.

Tâche : lis attentivement le texte et remplis la petite fiche que tu as préparé avec les infos à retenir.

Hallo, mijn voornaam is Lieve en mijn achternaam is Vanhove. Ik ben veertien jaar oud en ik zit in het derde jaar optie moderne talen. Ik leer Frans en Engels. Ik ben gek op talen! Ik woon in de gemeente Tervuren en mijn school is het Sint Niklaas Instituut. Ik ga graag naar school, ik vind dat heel leuk. Ik rijd elke dag met de fiets naar school omdat het niet ver van mijn huis ligt. Ik houd heel veel van muziek maar ik kijk niet graag naar TV. Lies is mijn beste vriendin maar ik heb ook een vriendje! Hij heet Jan. Samen gaan we graag naar feestjes.

Mijn ouders zijn gescheiden en ik woon met mijn moeder, Marleen, in een mooi huis. Mijn vader, Stijn, woont in een appartement. Mijn moeder is verpleegster en mijn vader is tandarts. Hij werkt veel. Mijn broer is acht jaar oud en hij is een beetje vervelend. Ik heb ook twee zussen die tweelingen zijn. Ze heten Joke en Margo, en ze zijn tien.

Coup d'pouce !

N'hésite pas à souligner des informations dans ton texte pour y voir plus clair.

1. CARACTÉRISTIQUES PERSONNELLES

Voici les informations importantes.
Complète la fiche suivante :

Nom	....
Prénom	....
Âge	....
École	....
Option	....
Goûts +	....
Goûts -	....
Parents	....
Frères et soeurs	....
Amis	....

2. DESCRIPTIONS PHYSIQUES, CARACTÈRE, VÊTEMENTS

Contexte : tu as reçu une lettre de ton correspondant néerlandais, Gert, dans laquelle il te fait une description assez précise de son professeur de néerlandais.

Tâche : afin de synthétiser les idées et de retenir les mots relatifs à la description et au caractère, entoure en bleu dans le texte les mots relatifs à la description vestimentaire et physique et, en vert, ceux relatifs au caractère du professeur.

Coup d'ponce !

Ne te laisse pas piéger par les phrases **négatives** et n'entoure que ce qui correspond au professeur.

Beste Thomas,

Hoe gaat het met jou? Ik ben heel blij. Twee dagen geleden heb ik een feestje georganiseerd voor mijn verjaardag en ik heb ook een cadeau van mijn lerares Nederlands gekregen! Ze is heel lief!

Ze is heel mooi en ze is ongeveer vijfendertig jaar oud. Ik weet dat ze getrouwd is en dat ze twee kinderen heeft want soms spreekt ze over hen. Ze is groot en ze heeft een rond gezicht. Ze heeft lang bruin haar en mooie groene ogen.

Ze draagt nooit een broek maar draagt altijd een jurk of een rok. Ze heeft dikwijls oorringen en een halsketting aan maar draagt geen horloge. Ze houdt heel veel van sjaals.

Ze is heel intelligent, dynamisch en grappig. Maar soms moet ze ook streng zijn! Ze is soms een beetje te laat maar het is niet erg, zo kunnen we langer babbelen.

Weet je wat ik gekregen heb? Een boek in het Nederlands zeker!

Schrijf me vlug.

Gert

2. DESCRIPTIONS PHYSIQUES, CARACTÈRE, VÊTEMENTS

Rappel : entoure en bleu les mots concernant la description physique ou vestimentaire, en vert pour le caractère.

visage rond visage long visage ovale

la quarantaine la trentaine +/- 50 ans belle

mariée 4 enfants pas d'enfants célibataire

distraite grande yeux bleus bague

montre petite pas gentille jupe

boucles d'oreilles 1,80m pas ponctuelle manteau

longs cheveux blonds pantalon jeans collier

cheveux courts bruns robe foulard intelligente

beaucoup d'imagination dynamique stricte

yeux verts

3. VIE QUOTIDIENNE

Contexte : étant donné que tu vas certainement aussi rendre visite à ton correspondant un jour, tu lui as demandé de te raconter comment se passe une de ses journées d'école.

Tâche : tu souhaiterais raconter à tes parents comment ton séjour se passerait chez lui. Voici le mail que tu as reçu :

Hallo,

Hoe gaat het met jou? In je laatste mail heb je over mijn dagelijkse activiteiten gevraagd... Ik zal eens een dag voor jou beschrijven.

Ik woon met mijn moeder Els en mijn zus Kim. Ons appartement ligt niet ver van het centrum van Eindhoven. Ik studeer in een instituut in het centrum van de stad. Van maandag tot vrijdag sta ik op om halfzeven. Maar ik ben nog heel moe! Om 7 uur neem ik een douche en ik kleed me aan. Ik poets mijn tanden om kwart over zeven. Om halfacht neem ik mijn ontbijt samen met mijn zus en maak mijn tas klaar. Voor het ontbijt eet ik een boterham met chocolade. Ik vind dat lekker! Ik maak ook twee boterhammen klaar voor school. Om tien voor acht neem ik de tram. De lessen beginnen om negen uur. We hebben twee lessen van vijfenveertig minuten, een pauze van een kwartiertje en dan nog twee andere uren les. Ik ga naar het restaurant van de school om samen met mijn beste vriend mijn boterhammen op te eten. De middagpauze is vanaf kwart over twaalf en ik heb één uur om met mijn vrienden te praten. 's Namiddags hebben we drie lessen. Het is heel lang maar om halfvier zijn we vrij! We hebben twaalf verschillende schoolvakken. Mijn lievelingsvakken zijn wiskunde en Engels.

En jij? Kun je ook eens een dag beschrijven?

Thomas

3. VIE QUOTIDIENNE

Tâche : complète le tableau suivant en notant les heures dans la colonne de gauche et les activités réalisées à ces différentes heures dans la colonne de droite. Attention, il y a parfois plusieurs activités.

Coup d'pouce !

Ne te limite pas uniquement à la première information lue, n'hésite pas à aller voir plus loin dans la phrase pour vérifier que tu n'as rien oublié.

Heures	Activités
6.30	....
7.00	....
....	Il se lave les dents.
7.30	....
....	....
....	Il prend le bus.
9.00	....
....	Pause.
....	Les cours reprennent.
....	Pause de midi.
....	Les cours reprennent.
15.30	....

4. NOURRITURE ET BOISSONS

Contexte : tu découvres certaines spécialités du monde dans le magazine auquel ton prof t'a abonné.

Tâche : c'est toi qui devras répondre aux questions de tes camarades sur cet article.

GERECHTEN VAN DE WERELD

Lasagna is een specialiteit uit Italië. Het is gemaakt van pasta maar ook van vlees, tomatensaus en kaas. Het wordt in de oven gebakken.

Omelet is heel bekend in het Verenigd Koninkrijk. Je kan de eieren met ham, uien, groenten zoals asperges mengen om een lekkere omelet klaar te maken. Kaas kan ook toegevoegd worden!

Zuurzoete varkensvlees komt uit China. In dit gerecht worden er kleine stukken varkensvlees met suiker, uien, knoflook, ananas en soya saus gemengd. De saus heeft een zachte smaak. Je kan het in elk Chinees restaurant eten.

Kerrie komt uit India en Thailand. Het is nu ook heel bekend in Nederland. Het is gekruid. Je kan kerrie met verschillende vlees- en groentensoorten gebruiken zoals broccoli en bloemkool.

4. NOURRITURE ET BOISSONS

Voici les questions de tes camarades :

1. Quels sont les principaux ingrédients de la lasagne ?

....

....

2. Comment la cuit-on ?

....

....

3. Que peut-on mettre dans une omelette ?

....

....

4. Explique ce que tu as compris du plat chinois.

....

....

5. Est-ce que tout le monde va apprécier un curry ? Pourquoi ?

....

....

4. NOURRITURE ET BOISSONS

Pour voir si l'origine des plats est bien claire pour tous, tu distribues un petit exercice où il faut associer le plat et son pays d'origine :

	• Chine
Lasagne •	• Inde
Porc aigre-doux •	• Thaïlande
Omelette •	• Italie
Un plat au curry •	• Grande-Bretagne
	• Japon

5. HABITAT

Contexte : dans ton cours d'anglais, trois camarades ont chacun un correspondant. Tous les trois leur ont demandé de décrire l'endroit où ils vivent et chacun a envoyé une photo. Cependant, dans l'effervescence, les documents ont été mélangés.

Tâche : relis les témoignages et associe le texte à l'image qui lui correspond. Complète ensuite le tableau que vous avez préparé afin de pouvoir faire le compte-rendu au professeur.

1. We wonen in een groote boerderij op het platteland. Het is een oud gebouw. Het was twee honderd jaar geleden gebouwd, denk ik. Er staan niet veel huizen rond de boerderij. We wonen in een klein dorp waar er alleen maar een café is. De grooste stad dichtbij ons ligt op 20 kilometers. Het is soms moeilijk om boodschappen te doen maar ik houd heel veel van mijn dorp! Het is er heel rustig, er is geen lawaai en het landschap is prachtig!

2. Mijn ouders en ik wonen in een rijhuis in de stad Rotterdam. In ons huis is er een woonkamer, een eetkamer en een keuken op de benedenverdieping. En er is ook nog een toilet! Op de eerste verdieping zijn er twee slaapkamers en een badkamer. Buiten is er een garage en een tuin. Ons huis is niet zo groot maar het is handig omdat school niet ver is en de buren zijn heel vriendelijk.

3. Ik ben een student aan de universiteit van Amsterdam. Ik deel een huis met drie andere studenten. Iedereen heeft zijn eigen slaapkamer. In mijn slaapkamer is er een bed, een bureau en een kleerkast. Er is ook een wastafel en een spiegel in de hoek van de kamer. We verdelen de keuken, de woonkamer en de badkamer. Soms maken we een beetje ruzie als iemand te lang in de badkamer blijft. Maar we vinden het ook heel gezellig!

5. HABITAT

Témoignage n° ....

Témoignage n° ....

Témoignage n° ....

5. HABITAT

	1	2	3
Genre d'habitation			
Pièces et meubles			
Extérieur et environs			
Avantages			
Inconvénients			

Quelle maison préfères-tu ? Pour quelles raisons ? (au moins deux)

....

....

....

....

....

6. TRANSPORTS, VOYAGES, VACANCES

Contexte: Stijn raconte sur Facebook le fabuleux voyage qu'il a fait pour une œuvre de charité dans le cadre d'un projet scolaire.

Tâche : complète le tableau de la page suivante afin de faire un inventaire des lieux où il a été, des moyens de transport utilisés et du temps consacré à chaque trajet.

MIJN VRIENDEN EN IK HEBBEN €1000 INGEZAMELD VOOR EEN LIEFDADIGHEIDSINSTELLING. "IK ZAL HET NOOIT VERGETEN!"

"Die uitdaging was heel opwindend! Mijn 5 vrienden en ik moesten 725 kilometers lopen van het noorden naar het zuiden van Engeland in twee weken tijd. We hebben vijf verschillende vervoermiddellen gebruikt maar het vliegtuig, de auto, de boot en de motor waren verboden!

Wij begonnen de reis in Folkestone en we fietsten naar Canterbury in één dag. De volgende dag vertrokken we uit Canterbury naar Londen, we reisden met de bus in twee uren. Daarna bezochten we de stad. Van Londen naar Leeds namen we de trein. 325 kilometers zonder moeite! Zeker was dit deel gemakkelijk! Dit duurde vier uren. Daarna, het moeilijke deel: we wandelden tijdens 8 dagen om in Durham aan te komen. 140 km in 8 dagen. We waren heel moe! En nu het laatste deel: van Durham naar Edinburgh. We hadden geluk en we konden met een comfortabele bus reizen. De laaste 220 km voor een goede nachtrust in een zacht bed. Dat was een ongelofelijke reis!"

6. TRANSPORTS, VOYAGES, VACANCES

Complète les détails du voyage de Stijn :

Route	Moyens de transport	Temps pris pour le trajet

7. SPORTS ET LOISIRS

Contexte : ton amie néerlandophone est partie en voyage cet été avec les mouvements de jeunesse. Elle te propose de l'accompagner l'année prochaine. Tu souhaiterais convaincre tes parents.

Tâche : prépare un compte-rendu des activités organisées tout au long de la journée. Explique-leur ensuite ce qu'il est permis et interdit de faire dans le cadre de ce voyage.

Beste Dirk,

Dank je voor je email. Ik geef je wat nieuws over mijn reis naar Spanje met de jeugdbeweging. We zijn naar Spanje met het vliegtuig gevlogen. Vandaag gaan we Malaga verkennen. We zijn voor twee weken weg. 's Morgens is het niet zo warm dus kunnen we in de straten van de stad wandelen en een beetje winkelen. Buiten het hotel moeten we altijd in groepen van 3 blijven. Ik winkel heel graag maar dat weet je al! Natuurlijk bezoeken we elke dag enkele historische monumenten. In de namiddag ga ik één of twee uur zonnebaden op het strand voor het hotel. Ik ben al heel bruin! Elke dag mogen we een dutje doen maar dat wil ik niet. Daar heb ik geen tijd voor! Ik lees liever een beetje over de stad en het land. Om vier uur zijn de activiteiten vrij voor iedereen. Hierbij stuur ik een paar foto's van het hotel. Ik amuseer me veel! Hier in deze streek van Spanje kan ik waterskiën of in de zee zwemmen. Ik wil nog jetski leren! 's Avonds moeten we om acht uur in het restaurant van het hotel eten. Ik vind het eten lekker! Daarna is het tijd om met mijn vrienden te discuteren en om in het discotheek van het hotel te dansen. Ik wil altijd nieuwe mensen ontmoeten... We mogen uitgaan maar we mogen geen alcohol drinken. En om twaalf uur moeten we naar onze kamer teruggaan. Ik vind het normaal want elke dag moeten we heel vroeg opstaan. Wil je volgend jaar met ons meegaan?

Tot straks!

Kaatje

7. SPORTS ET LOISIRS

Le matin	
L'après-midi	
Le soir	

Consignes du règlement à suivre (au moins trois consignes) :

1. ....
2. ....
3. ....

8. MÉTÉO, ACTIVITÉS FUTURES

Contexte : les vacances d'été se profilent. Tu voudrais partir aussi mais tu ne sais pas encore si tu veux partir seul(e) ou accompagné(e), combien de temps, où, quel climat tu souhaites,…

Tâche : afin de faire ton choix, tu as récolté quelques témoignages et tu complètes une fiche pour chaque personne afin d'en retenir les informations.

Marlies: Dit jaar zal ik alleen met de auto op vakantie gaan. Ik heb rust nodig. Ik zal twee weken in augustus naar Frankrijk vertrekken. Ik ken een kleine stad naast de zee en zal er een klein appartement huren. Daar zal ik zeker enkele mensen ontmoeten maar vooral wil ik op het strand liggen en rusten, boeken lezen en een beetje in de zee zwemmen. In augustus is het heel warm en er is veel zon!

Bart: Ik denk dat ik dit jaar niet in de zomer, maar in de winter op vakantie zal vertrekken! We zullen de trein nemen. Ik zou graag met mijn twee kinderen en mijn vrouw gaan skiën. We zullen een week in de bergen in Zwitserland doorbrengen. We zullen dus de hele dag skiën, snowboarden of wandelen en 's avonds even rusten en TV kijken. Ik houd ook heel veel van gezelschapspellen! In februari is er veel sneeuw! Ik vind dat tof!

Ann: Deze vakantie in juli zal ik met mijn beste vriendin naar Italië gaan. We zullen met ons tweeën het vliegtuig nemen. We gaan een hotelkamer huren voor een week in het centrum van Rome. We gaan de stad bezoeken en veel wandelen. Ik zou graag enkele Italiaanse producten en veel kleren kopen. Daar zullen we veel mensen ontmoeten en hele nachten in de discotheken doorbrengen. Het weer zal warm maar een beetje bewolkt zijn.

8. MÉTÉO, ACTIVITÉS FUTURES

	Marlies	Bart	Ann
Où			
Quand			
Comment			
Avec qui			
Type de logement			
Durée			
Activités			
Météo			

9. SANTÉ, BIEN-ÊTRE

Contexte : pendant les vacances, tu es chargé(e) d'accompagner un médecin. Celui-ci a besoin de toi pour rédiger ses rapports.

Tâche : relis la conversation suivante entre le médecin et le patient.

D = Dokter N = Niels

N: Goeiedag dokter!

D: Dag Niels. Wat is er aan de hand? Hoe kan ik je helpen?

N: Ik heb buikpijn en hoofdpijn en ook keelpijn.

D: Heb je ook koorts?

N: Een moment. Ik heb mijn temperatuur niet genomen. Ik zal het nu doen.

D: Ok.

N: Ja, 39 graden.

D: Hoest je soms?

N: Ja ik hoest heel veel.

D: Als je een beetje koorts hebt en je veel hoest, dan zou je thuis moeten blijven. Geen school voor jou vandaag! Als je je morgen niet beter voelt, dan moet je zeker een dokter zien die je keel zal controleren.

N: Hoelang moet ik thuis blijven?

D: Vandaag moet je in bed blijven en morgen zie je hoe je je voelt.

N: Wat is dus het probleem dokter?

D: Het is niet erg, denk ik. Je hebt waarschijnlijk geen griep, maar je bent zeker een beetje verkouden. Dat is alles.

N: Moet ik medicatie nemen?

D: Ja, je zou tabletjes moeten nemen voor je keel en aspirientjes tegen je koorts.

N: Dank u vriendelijk dokter.

D: Graag gedaan. Tot ziens.

9. SANTÉ, BIEN-ÊTRE

Quels sont les symptômes ?

....

....

....

....

....

....

....

....

Quel est le diagnostic probable ?

....

Que lui conseille le médecin ?

....

....

....

10. VILLE, INDICATION DU CHEMIN

Contexte : tu vas aller passer une quinzaine de jours à la côte belge chez ton correspondant. D'ailleurs, dans son dernier mail, il te fait une description assez détaillée de sa ville, ce qui te permet de te rendre compte de ce qui t'attend.

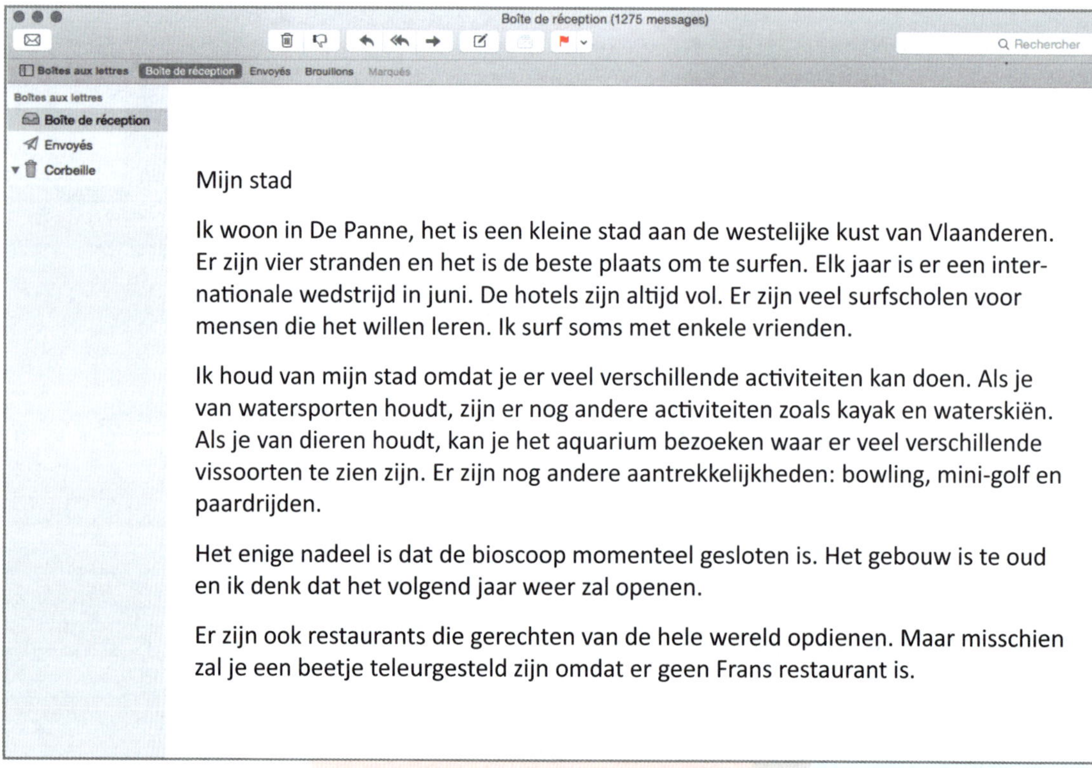

Mijn stad

Ik woon in De Panne, het is een kleine stad aan de westelijke kust van Vlaanderen. Er zijn vier stranden en het is de beste plaats om te surfen. Elk jaar is er een internationale wedstrijd in juni. De hotels zijn altijd vol. Er zijn veel surfscholen voor mensen die het willen leren. Ik surf soms met enkele vrienden.

Ik houd van mijn stad omdat je er veel verschillende activiteiten kan doen. Als je van watersporten houdt, zijn er nog andere activiteiten zoals kayak en waterskiën. Als je van dieren houdt, kan je het aquarium bezoeken waar er veel verschillende vissoorten te zien zijn. Er zijn nog andere aantrekkelijkheden: bowling, mini-golf en paardrijden.

Het enige nadeel is dat de bioscoop momenteel gesloten is. Het gebouw is te oud en ik denk dat het volgend jaar weer zal openen.

Er zijn ook restaurants die gerechten van de hele wereld opdienen. Maar misschien zal je een beetje teleurgesteld zijn omdat er geen Frans restaurant is.

10. VILLE, INDICATION DU CHEMIN

Tâche : à l'aide du tableau suivant, indique ce qu'il y a dans la ville de ton correspondant et ce qu'il n'y a pas.

Il y a	Il n'y a pas

Quelles sont les choses qui te donnent le plus envie de découvrir sa ville et les deux choses qui te tentent le moins ? Pourquoi ?

....

....

....

....

COMPRÉHENSION À L'AUDITION

Les textes des compréhensions à l'audition sont audibles sur le site des Éditions Je Réussis, à l'adresse http://jereussis.be/seconde-langue/nouveaute-mon-ce1d-en-neerlandais/ et sont annexés à la fin de cet ouvrage.

1. CARACTÉRISTIQUES PERSONNELLES

Contexte : tu vas aller passer quelques jours chez Joris, que tu as rencontré lors de tes vacances d'été. Il te parle de sa famille au téléphone.

Tâche : pour te rappeler qui est qui, construis l'arbre généalogique de Joris en partant de lui. N'oublie pas de noter l'âge et les éléments d'information que l'on te donne pour chacune des personnes.

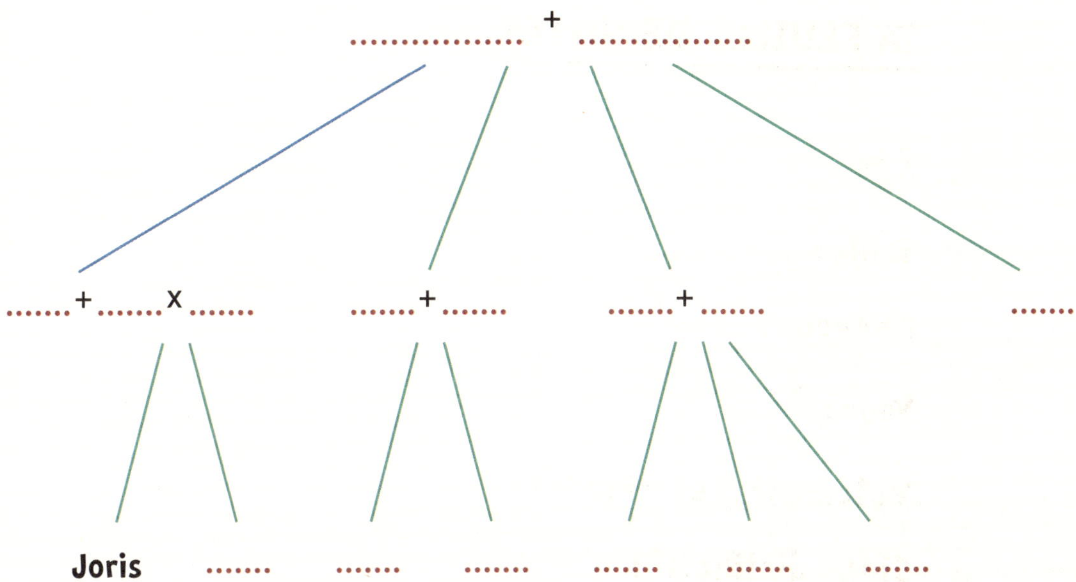

Coup d'pouce !

Écoute d'abord une première fois afin de repérer qui est qui. Lors de l'écoute suivante, concentre-toi sur l'information à donner à propos de chaque personne.

2. DESCRIPTIONS PHYSIQUES, CARACTÈRE, VÊTEMENTS

Contexte : tu es en séjour à La Panne, à la côte belge. Tu entends, un matin, à la radio, la description d'un homme qui aurait commis un vol dans un magasin puis agressé une jeune femme dans le coin.

Tâche : tu prends donc vite des notes afin de pouvoir en parler avec tes camarades de séjour.

TA FEUILLE DE NOTES

Âge :

Taille :

Cheveux :

Yeux :

Vêtements (et détails) :

Signe distinctif :

Lieu :

Le numéro à appeler :

2. DESCRIPTIONS PHYSIQUES, CARACTÈRE, VÊTEMENTS

Coup d'pouce!

Pas facile de noter un numéro de téléphone! Prends note **dès la première écoute** et complète si nécessaire. La **troisième** écoute te permettra de vérifier.

Tous les détails ont leur importance: les couleurs, les longueurs...

3. VIE QUOTIDIENNE

Contexte : tu envisages de participer à un programme d'échange aux Pays-Bas et donc d'y étudier le temps d'une année scolaire. Tu ne sais pas exactement si les journées d'école ressemblent aux nôtres.

3. VIE QUOTIDIENNE

Tâche : tu as entendu une interview où une personne décrit une semaine scolaire. Tu as enregistré l'émission. Par contre, tu n'as pas eu le temps de noter tout l'horaire de la semaine. Il reste encore quelques trous. Réécoute et complète l'horaire ci-dessous.

	Lundi	Mardi	Mercredi	Jeudi	Vendredi
8.45 9.45	....	Histoire	....	Géographie	Anglais
9.45 10.45	Info	Français	....	Français	....
10.45 11.00	Récré	Récré	Récré	Récré	Récré
11.00 12.00	Math	Géo	Histoire	Math	Math
12.00 1.00	Gym	....	....	....	....
1.00 2.00	Temps de midi	Temps de midi	Temps de midi	Temps de midi	Temps de midi
2.00 3.00	Sciences	....	Math	....	Français
3.00 4.00	....	....	....	....	....

4. NOURRITURE ET BOISSONS

Contexte : ton ami et toi êtes témoins d'un dialogue entre un commerçant et un client. Ton ami n'a pas tout compris.

Tâche : écoute la conversation et réponds aux questions ci-dessous.

1. La jeune femme commande trois choses, lesquelles ?

....

....

2. Quel est le montant de la commande ?

....

....

3. Combien donne la cliente ?

....

....

4. Combien reçoit-elle en retour ?

....

....

5. Quels fruits propose-t-on à la cliente ?

....

....

4. NOURRITURE ET BOISSONS

6 Que prend-elle ?

....

....

7 Comment souhaite-t-on une bonne journée à quelqu'un ?

....

....

5. HABITAT

Contexte : ton meilleur ami souhaiterait décrire sa chambre à son correspondant néerlandophone lors de leur prochaine conversation sur Skype. Par contre, afin de ne pas faire de fautes, il te la décrit d'abord et t'envoie en même temps un dessin de celle-ci.

Tâche : écoute ce que te dit ton ami et liste les erreurs que tu auras pu relever. Marque-les d'une croix sur le dessin.

....

....

....

....

....

....

....

....

....

....

5. HABITAT

6. TRANSPORTS, VOYAGES, VACANCES

Tâche : écoute l'interview de Paula à propos de son voyage en Espagne et, en fonction de ce qu'elle raconte, explique pourquoi tu aimerais faire un voyage pareil ou pourquoi tu hésiterais.

Les raisons pour :

....

....

....

....

....

....

Les raisons contre :

....

....

....

....

....

....

7. SPORTS ET LOISIRS

Contexte : tu participes à un stage pendant les vacances et tu es chargé(e) de mener des enquêtes sociales dans la rue. Ton rôle est de prendre note et de donner ton avis.

Tâche : tu as enregistré les interviews afin de prendre note plus tard. Réécoute les interviews. Indique si Jan est fait pour être marié avec Caroline. Explique ensuite pourquoi. Donne au moins huit arguments pour expliquer ta réponse. Explique ensuite leur recette pour s'entendre.

Coup d'pouce !

À l'aide du tableau, fais une liste de ce qu'ils aiment ou pas. Ensuite, tu répondras sous forme de texte à la question.

	Jan	Caroline

7. SPORTS ET LOISIRS

8. MÉTÉO, ACTIVITÉS FUTURES

Contexte : tu es parti quelques jours en vacances avec tes parents aux Pays-Bas et ton papa aimerait savoir quel temps il fait en Belgique demain puisque vous rentrez chez vous.

Tâche : tu entends un flash météo à la radio et tu racontes ce que tu as compris concernant le temps qu'il fait à la côte et à l'intérieur du pays.

	À la côte	À l'intérieur du pays
Demain		
Les jours suivants		

9. SANTÉ, BIEN-ÊTRE

Contexte : tu décides de regarder la télévision en néerlandais et tu tombes sur une émission qui a l'air intéressante. Cela parle de différents régimes alimentaires.

Tâche : écoute les deux témoignages (An/Thomas et Lieve) et décide qui s'alimente le mieux. Justifie ta réponse par des éléments du texte.

Qui mange le plus équilibré ? (entoure la bonne réponse) :

An et Thomas **ou** Lieve

Justifie ta réponse :

....

....

....

....

....

....

....

....

....

Coup d'pouce !

Focalise ton attention sur le type d'aliments qu'ils mangent et à quel moment.

10. VILLE, INDICATION DU CHEMIN

Contexte : tu es en famille d'accueil et le père de famille revient des courses. En effet, son épouse lui a demandé au petit-déjeuner de faire des tas de choses aujourd'hui. Un peu curieux/se, tu te demandes s'il a accompli tout ce qui avait été demandé.

Tâche : barre les choses accomplies. Il te reste les autres : explique pourquoi il ne les a pas faites. Utilise les lignes ci dessous pour les explications.

1. Il a été à la boulangerie.
2. Il a été à la boucherie.
3. Il a acheté des fleurs pour une amie malade.
4. Il a été lui rendre visite à l'hôpital.
5. Il est passé à la pharmacie.
6. Il a été faire des photos chez le photographe pour son permis de conduire.
7. Il a été à l'hôtel de ville pour y apporter la photo.
8. Il a été au supermarché.
9. Il a été à la banque.
10. Il a été au magasin de sport pour acheter un maillot à sa fille.

....

....

....

....

....

....

EXPRESSION ORALE

1. CARACTÉRISTIQUES PERSONNELLES

Contexte : ton correspondant de Eindhoven va te rendre visite quelques jours. Ta maison est trop petite pour le recevoir et tes parents proposent donc qu'il loge chez ton cousin.

Tâche : afin qu'il ne se sente pas perdu, présente-lui en quelques mots ton cousin. Tes parents t'ont préparé un petit aide-mémoire avec les éléments que tu ne dois pas oublier de mentionner.

Coup d'pouce !

N'oublie pas qu'en néerlandais, on utilise le verbe « être » pour exprimer l'âge d'une personne !

Et attention, les noms de langues prennent toujours une majuscule, comme les noms propres !

Jean Legrand

- 15 ans
- habite à Liège
- même école que toi et même classe
- sympathique
- 2 soeurs, Louise (10 ans) et Léa (7 ans)
- aime le football, écouter de la musique et le cinéma
- il déteste danser
- ses parents sont Marc et Annie
- son père a 43 ans et il est vétérinaire
- sa mère a 42 ans et elle est professeur
- il parle bien l'anglais

2. DESCRIPTIONS PHYSIQUES, CARACTÈRE, VÊTEMENTS

Contexte : tu as décidé de contacter ton correspondant par Skype et tu vas donc devoir t'exprimer oralement.

Tâche : la dernière fois, il t'avait posé des questions sur le caractère des membres de ta famille et donc tu t'apprêtes, après l'avoir salué, à lui expliquer tout ça.

Tiens compte de ceci:

Ton papa est assez strict, plutôt optimiste.

Ta maman travaille dur, elle est très courageuse, un peu timide.

Ton grand frère est paresseux, mais vraiment sympa.

Ta petite soeur est parfois amusante, parfois ennuyante.

Toi, tu es dynamique et sportif/ve.

Voici comment faire:

1. Commence par dire que c'est toi.
2. Demande-lui comment il va.
3. Dis-lui ce dont tu vas parler (introduis ton sujet).
4. Décris le caractère de chacun.
5. Pose-lui une question sur son caractère, ce qui terminera ta part de la conversation.

Allez, c'est parti !

Tu trouveras un exemple pour cette tâche dans la partie « corrigés ».

3. VIE QUOTIDIENNE

Contexte : pour le journal de l'école, tu es chargé de faire une comparaison entre les Néerlandais et les Belges. L'article de ce mois-ci va porter sur les routines, les habitudes scolaires et sur les activités de temps libre. Tu vas justement passer une journée à Maastricht avec tes parents et tu vas en profiter pour poser des questions à des jeunes sur place.

Tâche : prépare quelques questions à poser oralement aux jeunes que tu vas rencontrer concernant les points suivants.

Les heures auxquelles il/elle se lève, déjeune, part à l'école, prend le diner, termine l'école, se couche...

Les matières aimées et détestées.

Le nombre d'heures de cours par jour.

Les activités suivies après l'école, le weekend et leur fréquence.

Coup d'pouce !

N'oublie pas de bien revoir tes mots **INTERROGATIFS**.

Rappelle-toi que dans les questions, on procède toujours à une inversion.

Compare tes questions avec celles de la partie « corrigés ».

4. NOURRITURE ET BOISSONS

Contexte : tu consultes le menu suivant.

Tâche : passe commande pour toi et ton copain dans le petit snack qui se trouve non loin de ton école lors de ton séjour linguistique.

MENU

OM TE ETEN

- belegd broodje met eieren	3.95 €
- belegd broodje met ham en kaas	4.50 €
- belegd broodje met salami	4.30 €
- sla met kip	4.95 €
- toast met champignons	4.15 €
- pizza met ham	3.50 €
- vis met frieten	6.95 €

OM TE DRINKEN

- water	1.50 €
- cola	1.80 €
- limonade	1.80 €
- sinaasappelsap	2.10 €
- koffie	1.20 €
- thee	1.50 €

NAGERECHTEN

- appeltaart	3.50 €
- ijs	3.95 €
- cheesecake	4.50 €
- muffin	2.65 €

Coup d'pouce

Dans un snack, ce n'est pa[s] un long discours qui import[e] mais surtout des informa-tions claires et précises.

Retrouve un exemple dans les corrigés.

5. HABITAT

Tâche : voici le gite que tu as trouvé pour les prochaines vacances de tes amis flamands. Tu souhaiterais avoir leur avis. Comme tu n'as pas pu les joindre, tu laisses un message vocal sur leur répondeur.

Rez-de-chaussée : garage, jardin, piscine, terrain de tennis. Deux chambres, une pièce salon-salle à manger-cuisine avec une grande table pour dix personnes, une table de salon, deux sofas et un fauteuil, une cheminée, une télévision.

Une buanderie, un hall et une toilette.

Étage : deux chambres, deux salles de bain, un bureau.

Un grenier. Une cave.

Coup d'pouce !

- Structure ton texte.
- Parle d'abord de l'ensemble de la maison et de ses extérieurs.
- Puis, cite ce que l'on trouve au rez-de-chaussée.
- Et enfin, ce que l'on trouve à l'étage.
- Ajoute ton opinion en mettant en avant un avantage et un inconvénient.

6. TRANSPORTS, VOYAGES, VACANCES

Contexte : tu as passé d'excellentes vacances à la campagne. Le logement, les alentours et les activités étaient parfaits. Tu en parles à ton correspondant.

Tâche : sois complet et réponds aux questions suivantes.

Où exactement/quand/avec qui/combien de temps/type de logement/les alentours/activités faites (au moins quatre).

7. SPORTS ET LOISIRS

Contexte : tu adores le tennis et tu es un(e) fan inconditionnel(le) de Roger Federer. Tu es aujourd'hui chargé de présenter, lors de ton cours de néerlandais, une personne que tu admires et de montrer à quel point tu connais des choses à son sujet.

Tâche : tu as fait des recherches et tu as pris quelques notes dans ta langue maternelle afin de ne rien oublier. Tu es maintenant prêt(e) à nous présenter cette personne.

Naissance : 8/08/1981

Pays : Suisse

Nombre préféré : 88

Particularité vestimentaire : Il aime porter un bandana quand il joue.

Activités qu'il aime :
- Se lever tôt/tout préparer
- Prendre un petit-déjeuner complet
- Jouer au golf
- Jouer au tennis
- Skier
- Jouer aux cartes
- Jouer aux jeux vidéo

Activités qu'il n'aime pas : la natation/la danse

Musique : AC/DC et Lenny Kravitz

Film préféré : Good Will Hunting

Hobbys : Rendre visite à sa famille/voir ses amis

Langues : allemand/français/anglais

8. MÉTÉO, ACTIVITÉS FUTURES

Contexte : lors du repas du soir dans une famille d'accueil, on te demande quels sont tes projets pour le weekend.

Tâche : tu te mets donc à expliquer toutes les choses que tu as prévues car tu ne comptes pas perdre ton temps lors de ton séjour.

Coup d'ponce !

N'oublie pas de bien mentionner les heures et de séparer ton discours en deux parties, une pour le samedi et l'autre pour le dimanche. Utilise également les bonnes prépositions (op zaterdag) et les différents moments de la journée.

8. MÉTÉO, ACTIVITÉS FUTURES

9. SANTÉ ET BIEN-ÊTRE

Contexte : lors de ton séjour à l'étranger, on te demande de participer à un débat international (des jeunes de tous pays sont là comme toi pour apprendre le néerlandais) sur des sujets qui intéressent les jeunes.

Tâche : on t'a demandé de parler du bienfait de l'exercice physique pour les ados. Cela tombe bien, car tu fais du sport plusieurs fois par semaine.

Coup d'pouce !

Commence par une phrase pour introduire ton sujet :

Ik zou graag zeggen dat…

Parle ensuite de ce qui est négatif quand on ne fait pas de sport :

Als je niet aan sport doet…

Pense alors à tous les bienfaits du sport :

Als je regelmatig aan sport doet…

Donne ensuite un exemple en disant ce que tu fais, à quelle fréquence, quels jours, pendant combien de temps, quand tu as commencé…

10. VILLE, INDICATION DU CHEMIN

Contexte : tu es en train de discuter avec tes copains dans la rue quand un néerlandophone vous adresse la parole pour demander son chemin. Tu prends ton courage à deux mains et tu te lances.

Tâche : tu lui indiques le chemin tout en lui donnant des points de repère sur la carte qu'il a dans les mains.

Coup d'pouce !

Utilise les prépositions ***naast, tegenover, in de hoek van*** pour situer les bâtiments et donner un point de repère visuel à ce touriste.

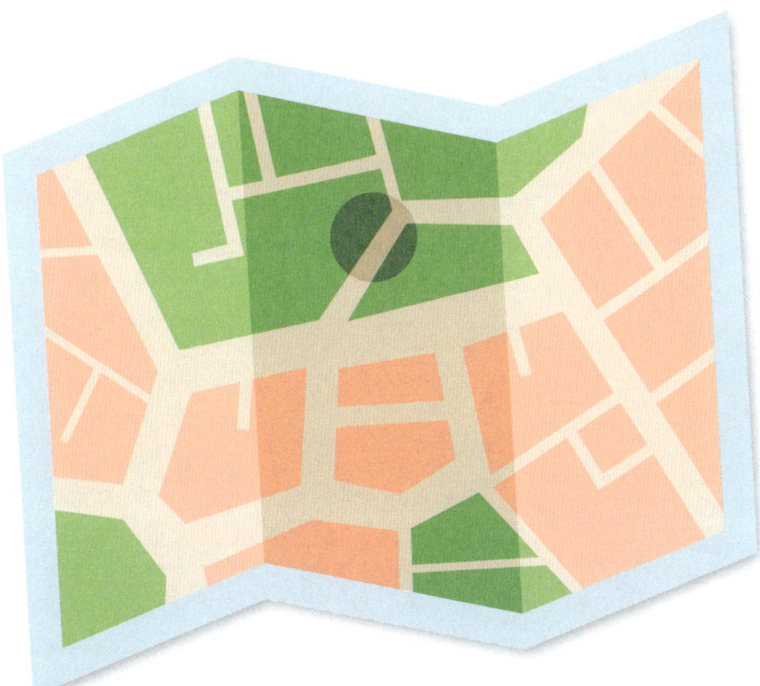

EXPRESSION ÉCRITE

1. CARACTÉRISTIQUES PERSONNELLES

Contexte : tu aimerais participer à un voyage linguistique aux Pays-Bas les vacances prochaines. Il faut pour cela envoyer une candidature via Internet dans laquelle tu dois te présenter.

Tâche : écris un texte d'environ 100 mots en n'oubliant pas de mentionner les éléments ci-dessous.

Coup d'pouce !

Choisis bien ton verbe pour chaque idée à exprimer : être, avoir (auxiliaires), venir, parler, aimer (autres verbes) et n'hésite pas à revoir leur conjugaison au présent avant de te lancer.

1. Nom
2. Prénom
3. Âge et date de naissance
4. La ville/le village d'où tu viens
5. Frères et soeurs
6. Loisirs
7. École
8. Animaux
9. Musique
10. Langues
11. Pourquoi tu aimerais aller aux Pays-Bas

1. CARACTÉRISTIQUES PERSONNELLES

2. DESCRIPTIONS PHYSIQUES, CARACTÈRE, VÊTEMENTS

Contexte : tu participes à un concours d'écriture polyglotte. En effet, tu dois écrire, dans la langue que tu apprends, un texte descriptif qui a pour thème « mon monstre préféré ».

Tâche : tu trouves le thème amusant et surtout, si ton texte est choisi, tu pourrais gagner un city trip à Amsterdam pour la classe. Alors, laisse parler ton imagination !

Coup d'pouce !

Essaie de découper ton texte en paragraphes pour qu'il soit structuré (le corps, la tête, le caractère).

N'oublie pas d'accorder les adjectifs correctement. En effet, on ajoute toujours « e » à l'adjectif épithète sauf lorsque le nom qu'il complète est neutre, singulier et indéterminé (précédé de « een », « geen » ou rien). Les adjectifs attributs sont toujours invariables.

2. DESCRIPTIONS PHYSIQUES, CARACTÈRE, VÊTEMENTS

Mijn lievelingsmonster

3. VIE QUOTIDIENNE

Contexte : tu souhaiterais expliquer à ton ami néerlandais qu'ici, il n'y a pas de cours le mercredi après-midi et que tu peux donc en profiter pour faire plein d'autres activités.

Tâche : raconte-lui ton rythme de la journée du mercredi. Explique-lui à quelle heure tu te lèves, prends ton petit-déjeuner, vas à l'école… Raconte-lui quels cours tu suis le mercredi matin et quelles sont les activités que tu peux suivre l'après-midi (les heures, les lieux, comment tu t'y rends, tes amis…).

Coup d'pouce !

Veille à bien organiser ton texte en utilisant différents paragraphes (un pour la routine du matin, un pour les activités de l'après-midi, etc.).

3.VIE QUOTIDIENNE

4. NOURRITURE ET BOISSONS

Tâche : tu écris à ton correspondant et lui parles de tes habitudes alimentaires, de ce que tu aimes, de ce que tu n'aimes pas, de ce que tu bois habituellement. En effet, tu es sur le point de passer une semaine chez lui et il aimerait te faire découvrir la cuisine de son pays, mais il aimerait planifier son menu en fonction de tes goûts.

N'oublie pas de mentionner les différents types d'aliments : fruits et légumes, viandes et poissons, pains, céréales, boissons, desserts.

Explique ce que tu adores, ce que tu n'aimes pas trop et ce que tu n'aimes vraiment pas.

Utilise correctement les expressions afin de dire ce que tu aimes ou non :

HOUDEN VAN + NOM / VERBE + GRAAG

4. NOURRITURE ET BOISSONS

5. HABITAT

Contexte : dans la revue à laquelle ton professeur de néerlandais a abonné la classe, tu peux participer à un concours afin de recevoir des meubles et des accessoires pour ta chambre (ordinateur, télévision, chaine hi-fi...). Ton professeur vous encourage à y participer et tu relèves le défi !

Tâche : il te suffit de décrire à quoi ressemble ta chambre idéale !

5. HABITAT

6. TRANSPORTS, VOYAGES, VACANCES

Contexte : ton professeur va bientôt recevoir en classe une amie néerlandaise qui a fait de fabuleux voyages dans le monde. Il aimerait que chaque élève prépare quinze questions afin de rendre cette rencontre vraiment intéressante.

Tâche : tu rédiges ton questionnaire en te réjouissant déjà d'apprendre un tas de choses.

Coup d'pouce !

1) Fais des questions directes (qui commencent par l'auxiliaire).
2) Utilise les différents mots interrogatifs.

WAT - WAAR - WANNEER - HOE - WAAROM - MET WIE - HOELANG HOEVEEL - WIE - WELK(E) - ...

6. TRANSPORTS, VOYAGES, VACANCES

1 ....

2 ....

3 ....

4 ....

5 ....

6 ....

7 ....

8 ....

9 ....

10 ....

11 ....

12 ....

13 ....

14 ....

15 ....

7. SPORTS ET LOISIRS

Contexte : toi aussi tu aimerais démontrer à ton ami que tout le monde n'aime pas forcément les mêmes choses. Tu as décidé de choisir une personne de ta famille et de ton entourage afin de lui présenter une comparaison.

Tâche : compare ce que vous aimez et ce que vous n'aimez pas.

Coup d'pouce !

Tu peux utiliser le comparatif et n'oublie pas d'organiser ton texte en utilisant des mots tels que « maar » (mais), « toch » (cependant), « en » (et), « bovendien » (de plus).

7. SPORTS ET LOISIRS

8. MÉTÉO, ACTIVITÉS FUTURES

Tâche : tu écris une lettre à ton correspondant du Suriname. Tu souhaites lui décrire la météo dans ton pays. En effet, chez lui, c'est très différent : il y a du soleil tout le temps !

Coup d'pouce !

Tu as tellement de choses à dire sur la météo en Belgique que tu décides de consacrer un paragraphe à chaque saison. Tu termines ton texte par ton opinion sur le sujet.

8. MÉTÉO, ACTIVITÉS FUTURES

9. SANTÉ, BIEN-ÊTRE

Contexte : tu fais partie du journal de l'école. Chaque mois, un article est écrit en anglais, en néerlandais et en allemand par les élèves de chaque section. C'est à ton tour d'écrire un petit texte.

Tâche : ton texte répond à la thématique suivante :

Ben je gezond?

Coup d'pouce!

Dans ton petit article, réponds aux questions suivantes :

- Fais-tu un check-up (des examens) régulier chez le médecin ?
- Combien d'heures par jour dors-tu ?
- Fais-tu de l'exercice ? Combien de fois par semaine ? Pendant combien de temps ?
- Vis-tu en ville ou à la campagne ?
- Que manges-tu ?
- Manges-tu aussi des bonbons et des chips ? (snoepjes/chips)

Conclus en disant si oui ou non tu penses être en bonne santé.

9. SANTÉ, BIEN-ÊTRE

10. VILLE, INDICATION DU CHEMIN

Contexte : ton correspondant néerlandais va enfin venir passer une semaine chez toi. Tu es vraiment impatient, mais pas de chance, tu ne seras pas là pour l'accueillir.

Tâche : dans ton dernier mail avant son arrivée, tu lui indiques le chemin à partir de la gare des bus jusqu'à chez toi. N'oublie pas de lui dire où tu as caché la clé et à quelle heure tu rentres.

Coup d'pouce !

Structure ton texte afin que cela soit bien clair.

1) Tu prends de ses nouvelles.
2) Tu lui expliques pourquoi tu ne seras pas là.
3) Tu lui indiques le chemin.
4) Tu lui dis où se trouve la clé et à quelle heure tu rentres.
5) Montre-lui que tu es vraiment impatient de le voir.
6) Tu termines ton mail.

10. VILLE, INDICATION DU CHEMIN

TRANSCRIPTION DES COMPRÉHENSIONS À L'AUDITION

Thème 1

Hier is mijn familie. Ik ben Joris en ik studeer in Leuven. Mijn moeder heet Els. Ze is lerares op mijn school. Ze heeft twee zussen en een broer: Greet, Hilda en Hugo. Hugo is niet getrouwd maar hij is heel tof ! Hij is 37. Ik ben enig kind maar Inge is mijn vriendinnetje. Ze is 15 jaar oud en ze is heel mooi! Els is gescheiden. Ze is nu getrouwd met Johan die bakker is. Hij is 43 net zoals mijn moeder. Mijn vader heet Jeroen. Hij woont nu in Frankrijk en hij is 45. Els, Greet, Hilda zijn de zussen van Hugo. Hugo is hun broer. Niels is een jong kind. Hij is alleen maar twee jaar oud maar hij is grappig! Aniek en Dirk zijn Niels grootouders. Aniek is gek op haar familie. Ze is 78. Dirk is overleden. Erwin en Frans zijn de schoonbroers van Els. Hilda heeft 2 zonen, Martijn en Niels. Martijn is 10 jaar oud en hij speelt graag voetbal. Ze heeft ook een dochter, haar naam is Katryne. Ze is 15, ze is mijn nicht maar ook mijn vriendin! Frans is Hildas echtgenoot. Hij is kok in een goed restaurant. Hij is 41. Jenny en Leo zijn de kinderen van Greet. Jenny is 17 en Leo is 12. Hij is heel sportief. Jenny is heel groot! Erwin is de man van Greet. Hij is informaticus en hij is 49. Ik heb dus drie neven en twee nichten. Ik houd van mijn familie!

Thème 2

Hier is een boodschap van de lokale politie.

Gisteren heeft een man verschillende waardevolle telefoons gestolen in een winkel in de Hoofdstraat maar die man is kunnen ontsnappen. Hij is naar het centrum gegaan. Hij heeft een vrouw aangevallen en haar handtas gestolen.

Hier is de beschrijving van die man. Hij is groot, ongeveer 1,85 m groot. Hij heeft kort blond haar en blauwe ogen. Hij is ongeveer vijfentwintig jaar oud en het is een knappe man.

Hij droeg een zwarte korte broek met zakjes, een blauw t-shirt met een Duitse aantekening. Hij droeg ook roze sportschoenen. En ook iets dat jullie misschien hebben opgemerkt: een tatoeage van een slang op zijn linkerarm.

Als jullie die man hebben gezien en als jullie meer informatie willen hebben, neem contact met ons op via ons telefoonnummer: 018 73 5657 83.

TRANSCRIPTION DES COMPRÉHENSIONS À L'AUDITION

Thème 3

A. Hoe is je nieuwe school?

B. Fijn. We hebben les tot drie uur elke namiddag.

A. Het is leuk!

B. En na school hebben we verschillende activiteiten. Op maandag en vrijdag speel ik voetbal, op dinsdag speel ik piano en op woensdag en donderdag ga ik naar het zwembad. Ik vind dat heel tof!

A. Heb je turnlessen?

B. Ja, twee keer per week. We hebben turnlessen op maandag en op woensdag om twaalf uur.

A. Enkel twee keer per week?

B. Ja en het is genoeg! Ik sport niet graag… Maar ik houd veel van informatica! En we hebben informatica drie keer per week op maandag, woensdag en vrijdag om kwart voor tien.

A. Goed zo! Informatica vind ik ook leuk!

B. Ik ben dol op kunst… maar we hebben kunst enkel één keer per week. Op donderdag net voor de middagpauze om twaalf uur…

A. En toneel?

B. Ik heb toneel een keer per week op dinsdag namiddag na de middagpauze. Maar ik speel niet graag toneel.

A. Mmm. Heb je veel lessen Nederlands?

B. Ja, vier keer per week. Op maandag, woensdag en vrijdag om kwart voor negen en op dinsdag om twaalf uur.

A. Mijn lievelingsvak is wiskunde, en jij? Wat denk je daarvan?

B. Ik houd niet veel van wiskunde. Ik heb vier uur wiskunde per week. Op maandag, donderdag en vrijdag morgen van elf uur tot twaalf en ik heb één uur op woensdag namiddag van 2 tot 3 uur.

A. Studeer je een vreemde taal?

B. Ja, ik studeer Frans en ik vind dat heel interessant.

TRANSCRIPTION DES COMPRÉHENSIONS À L'AUDITION

A. We zien onze lerares Frans op dinsdag om kwart voor tien, op donderdag en vrijdag om 2 uur.

B. Welke zijn je andere lessen?

A. Ik heb aardrijkskunde op dinsdag om elf uur en op donderdag om kwart voor negen.

B. Is dat alles?

A. Wacht een beetje... Nee! Ik heb ook les wetenschappen op maandag om twee uur en op vrijdag om 12 uur.

Thème 4

- Wie is aan de beurt?
- Hallo, Ik zou graag een belegd broodje met een cola nemen, alstublieft.
- Gewoon of light?
- Light, alstublieft.
- Wilt u nog iets?
- Zijn er vruchten?
- Jazeker, we hebben aardbeien, bananen and appelen.
- Ik zal een appel nemen, oh nee sorry een banaan alstublieft.
- Oké, een belegd broodje, een cola light en een banaan. Dat is 6,95 €.
- Alstublieft.
- Dank u. Hier is 3,05 € terug.Ik wens u een prettige dag!
- Dank u, tot straks.

Thème 5

Wat denk je van mijn kamer? Ik zal het eens beschrijven. Alles in mijn kamer is blauw. Mijn bed staat in de hoek van de kamer aan de linkerkant. Links van mijn bed is er een tafeltje met een lamp. Boven mijn bed hangt een grote foto. Aan de muur hangen drie andere posters. Naast mijn bed ligt een groen tapijt. Het

TRANSCRIPTION DES COMPRÉHENSIONS À L'AUDITION

bureau is links van de deur. Ik heb geen computer in mijn kamer maar ik heb wel een TV aan de muur tegenover mijn bed! Ik kijk graag TV voor het slapen! Op mijn bed liggen veel kussens en soms één of twee boeken.

Thème 6

Interview met Paula:

- Vertel me over je reis in Spanje. Ben je op vakantie naar Spanje gegaan?
- Nee, niet echt. Het was een deel van mijn cursus Spaans.De bedoeling was de taal te beoefenen.
- Hoelang ben je in Spanje verbleven?
- Twee weken tijdens de laatste lente. We hebben in een jeugdherberg gelogeerd. Het was niet heel schoon en het eten was niet lekker! We moesten elke dag dezelfde voeding eten!
- Wat heb je daar gedaan?
- We hebben veel gewerkt. Enkele deelnemers waren in een supermarkt en de anderen in een kantoor. We moesten de hele dag Spaans spreken.
- Mmm, het is interessant. Met hoeveel studenten waren jullie?
- We waren met ons vijf.
- Heb je tijd gehad om de streek te bezoeken?
- Ja tijdens het weekend. We hebben Barcelona bezocht en we zijn naar de zee geweest. Het weer was heel goed.
- Zou je graag naar Spanje teruggaan?

Thème 7

I = Interviewer

J = Jan

C = Caroline

I: Goeiemorgen mevrouw en meneer. Mag ik enkele vragen stellen? Hebben jullie een beetje tijd om op die vragen te antwoorden?

TRANSCRIPTION DES COMPRÉHENSIONS À L'AUDITION

J: Ja natuurlijk.
I: Dank u! Het is heel vriendelijk. Het zal niet lang duren.
C: Geen probleem.
I: Zijn jullie getrouwd?
C: Ja, meneer…
I: Hoe lang zijn jullie al getrouwd?
J: Tien jaar denk ik.
C: Ja, het is correct.
I: Goed. Hebben jullie dezelfde interesses?
J: Euh… Nee, we hebben niet defelfde interesses… Niet alles…
I: Kunt u een paar voorbeelden geven alstublieft?
C: Bijvoorbeeld: Ik houd heel veel van sport. Ik speel heel graag tennis. Maar hij houdt niet van sport. Maar hij is gek op sport op televisie. Hij kijkt veel naar voetbalwedstrijden.
J: Ja, het is waar. En ze kijkt helemaal niet graag naar TV! Ze leest liever in haar bed.
C: Ja, ik denk dat het interessanter is!
J: Mmm. Ik lees helemaal niet, behalve mijn krant …
I: Ok. Kunnen jullie meer informatie geven? Wat doen jullie graag als jullie uitgaan?
C: Ik ben gek op toneelstukken!
J: Ik vind het zo vervelend!!! Ik houd liever van een detective film. Ik ga vaak naar de bioscoop met vrienden want ze gaat niet graag uit.
C: Nee, ik blijf graag thuis met mijn boeken!
I: Waarschijnlijk gaan jullie niet vaak akkoord… Zijn er nog veel verschillen tussen jullie?
J: Ja als we op vakantie zijn!
C: Wat zeg je?
J: Ja, op vakantie lees ik graag een krant op een terras van een café of in het hotel naast het zwembad...
C: Ja en ik wil altijd aan sport doen. Ik kan niet op het strand liggen.
J: In ieder geval wil ze altijd vertrekken om gebouwen en steden te bezoeken. En ik heb vakantie nodig om een beetje te rusten!
I: Gaan jullie samen op vakantie?
C: Jazeker! Maar ik houd liever van wintervakantie. En hij houdt liever van strand-

TRANSCRIPTION DES COMPRÉHENSIONS À L'AUDITION

vakantie! Een keer mag ik de bestemming kiezen, daarna is hij aan de beurt!
J: Ja een beetje voor iedereen…
I: Dank u vriendelijk!

Thème 8

Goeienavond dames en heren, morgen in België zal het een beetje regenen in het hele land maar alleen in de voormiddag. In de namiddag wordt het zonnig maar nog heel koud! Het wordt 5 graden aan zee en 2 graden in het binnenland. Aan zee zal er een beetje wind zijn en in het binnenland krijgen we een beetje mist 's avonds. Maar morgen zal het niet sneeuwen. Het kan een beetje vriezen tijdens de nacht maar niet aan de kust. Overmorgen zullen de temperaturen gezellig zijn, tot 15 graden in het binnenland, en tot 10 graden aan zee. Het zal niet regenen maar de lucht kan een beetje bewolkt zijn.

Thème 9

An/ Thomas

An: 's Morgens nemen mijn man en ik altijd een volledig ontbijt samen: granen en thee, eieren en brood. We drinken sinaasappelsap. 's Middags hebben we soep of een belegd brood met sla. En elke namiddag drinken we thee en nemen we ook een stuk taart om vier uur. Mmm, 's Avonds eten we vlees of vis met groenten en aardappelen. Ik denk dat het gezond is.

Lieve:

Ik neem niet altijd een ontbijt omdat ik niet veel tijd heb. Soms eet ik een beetje brood of een paar koekjes maar elke morgen drink ik een of twee kopjes koffie met suiker zeker! 's Middags eet ik altijd een belegd broodje of een pizza en een cola.'s Avonds ga ik naar een fast food en daar bestel ik een hamburger met frieten en een bier. Ik kook helemaal niet graag. Ik eet ook veel chocolade. Ik eet zelden fruit en ik heb een hekel aan groenten.

TRANSCRIPTION DES COMPRÉHENSIONS À L'AUDITION

Thème 10

- Jan, ben je naar de apotheek gegaan?

- Ja, ik ben naar de apotheek geweest maar ik heb de aspirientjes vergeten… En ik ben naar de bakkerij gegaan en daar heb ik ook 10 koekjes gekocht.

- En de slager?

- Ik ben ook naar de slager gegaan. Dus heb ik de vlees voor deze middag.

- Ben je naar het ziekenhuis geweest?

- Ik ben naar de bloemist gegaan en ik heb heel mooie bloemen voor Lisa gekocht. Toen ik in het ziekenhuis aankwam, heb ik haar niet kunnen zien omdat ze bezig was met de dokter. Dus heb ik de bloemen aan de receptie gegeven met een briefje voor haar.

- Ah, ik zal haar morgen telefoneren. En je rijbewijs?

- Daar heb ik de foto voor maar vandaag was het stadhuis gesloten.

- Gesloten? Waarom?

- Omdat er een betoging van Greenpeace was voor het stadhuis.

- Ah, dus ben je zeker naar de supermarkt gegaan?

- Jazeker. Ik heb alles wat je op de lijst had geschreven!

- Bedankt.

- Maar… ik ben naar de bank niet kunnen gaan.

- Was het ook gesloten?

- Nee… ik heb een vriend ontmoet en we hebben samen een glas gedronken.

- Dus heb je mijn document niet?

- Nee sorry. Ik heb mijn glas gedronken en daarna was de bank gesloten.

- Mmm, en het badpak van je dochter?

- Oh, Ik was er zeker van dat ik iets had vergeten! Sorry.

- Mmmm.

CORRIGÉS

COMPRÉHENSION À LA LECTURE

Thème 1

Nom
Vanhove

Prénom
Lieve

Âge
14 ans

École
Institut St Nicolas (Sint Niklaas)

Option
3e année option langues (français/anglais)

Goûts +
Langues/école/musique/fêtes

Goûts –
La télévision

Parents
Séparés/Elle habite avec sa mère, Marleen, à Tervuren. Elle est infirmière. Son père, Stijn, habite dans un appartement. Il est dentiste.

Frères et sœurs
Un frère de 8 ans/ennuyant
Deux sœurs jumelles de 10 ans, Margo et Joke

Amis
Une amie : Lies / Un petit-ami : Jan

Thème 2

visage rond - grande - pas gentille - visage long - petite - pas ponctuelle - visage ovale - 1,80 m - belle - pantalon - jeans - jupe - la quarantaine - robe - foulard - manteau - la trentaine - montre - bague - collier - +/- 50 ans - boucles d'oreille - célibataire - longs cheveux - blonds - intelligente - mariée - long cheveux bruns - dynamique - 4 enfants - cheveux courts bruns - pas d'enfants - yeux bleus - yeux verts - marrante - stricte - distraite

CORRIGÉS

Thème 3

Heures	Activités
6.30	Il se lève
7.00	Il prend une douche et il s'habille
7.15	Il se lave les dents
7.30	Il prend son déjeuner et il prépare son sac Il prépare ses tartines
7.50	Il prend le bus
9.00	Les cours commencent
10.30	Pause
10.45	Les cours reprennent
12.15	Pause de midi
13.15	Les cours reprennent
15.30	Les cours se terminent

Thème 4

Lasagne : pâtes, viande, sauce tomate et fromage.

On la cuit au four.

Omelette : jambon, oignons, légumes (asperges), fromage.

Plat chinois : de petits morceaux de porc mélangés avec du sucre, des oignons, de l'ail, de l'ananas et de la sauce soja.

Le curry est assez épicé. Cela dépend donc des personnes, si on aime manger épicé ou pas.

Lasagne - Italie

Porc aigre-doux - Chine

Omelette - Grande-Bretagne

Un plat au curry - Inde/Thaïlande

CORRIGÉS

Thème 5

	1	2	3
Genre d'habitation	Vieille ferme (1) Campagne (1) 200 ans (1)	Maison mitoyenne (1)	Maison partagée à 4 étudiants (1)
Pièces et meubles		Salon (1) Salle à manger (1) Cuisine (1) Toilette (1) Deux chambres (1) SDB(1)	Chacun une chambre avec bureau, lit, évier, miroir dans le coin de la pièce et garde-robe (6), SDB, salon, (3) cuisine partagés
Extérieur et ses environs	Pas de maisons autour (1) Village avec un café (1)	Garage (1) Jardin (1)	
Avantages	Calme (1) Beau paysage (1)	Près de l'école (1) Voisins sont sympas (1)	Amusant (1)
Inconvénients	Ville à 20 km (1) Difficile pour les courses (1)	Pas très grand (1)	Parfois des disputes (1)

Thème 6

Route	Moyens de transport	Temps pris pour le trajet
Folkestone - Canterbury	Le vélo	La journée
Canterbury - London	Le bus	Environ deux heures
London - Leeds	Le train	4 heures 30
Leeds - Durham	À pied	Huit jours
Durham- Edimburgh	En autocar	Environ trois heures

CORRIGÉS

Thème 7

Le matin	Promenade dans les rues de la ville. Shopping. Visite de monuments historiques.
L'après-midi	Bronzage sur la plage. Sieste. Lecture. Ski-nautique. Natation. Jet-ski.
Le soir	Restaurant à 20h. Rencontre de nouvelles personnes. Discothèque.

Consignes du règlement à suivre (au moins trois consignes)
- Pas d'alcool.
- Rentrer à minuit.
- Rester par groupes de trois.

Thème 8

	Marlies	Bart	Ann
Où	En France / Petite ville près de la mer.	Montagnes en Suisse.	Italie. Centre de Rome.
Quand	En août.	En hiver / en février.	En juillet.
Comment	En voiture.	En train.	En avion.
Avec qui	Seul.	Avec sa femme et ses 2 enfants.	Avec sa meilleure amie.
Type de logement	Appartement à louer.		Chambre d'hôtel.
Durée	2 semaines.	Une semaine.	Une semaine.
Activités	Se reposer sur la plage. Lire. Nager.	Skier. Snowboard. Marcher. Se reposer. Regarder la TV. Jeux de société.	Visiter la ville. Marcher. Faire du shopping. Rencontrer des gens. Disco.
Météo	Chaud et ensoleillé.	Beaucoup de neige.	Chaud mais un peu nuageux.

CORRIGÉS

Le premier jour, lundi : journée avec les amis des parents. Ils viennent avec leur bébé et ne vont probablement pas bouger.

Mardi : il va apprendre à faire de la planche à voile. Cela va être une chouette journée.

Mercredi : il va aller au zoo du coin. Ils ont beaucoup d'animaux venant des différents continents. Ils vont passer la journée là.

Jeudi : Il va au marché le matin et dans un centre de loisirs l'après-midi où il y a trois piscines, des chutes d'eau…

Vendredi : il va jouer au volley sur la plage avec d'autres ados néerlandais, puis ils feront un pique-nique pour le dîner.

Samedi : il va à un concert en plein air qui est gratuit.

Thème 9

Quels sont les symptômes ?
Mal de gorge – Mal à la tête – Mal au ventre – 39° C de fièvre – tousse beaucoup.
Quel est le diagnostique probable ?
Pas de grippe mais refroidissement.
Que lui conseille le médecin ?
De rester à la maison aujourd'hui au lit.
De consulter un médecin si ça ne va pas mieux.
De prendre des pastilles pour la gorge.
De prendre des aspirines pour la tête.

Thème 10

Il y a : De chouettes plages / Une compétition internationale de surf en juin / Des hôtels / Des écoles de surf / On peut faire du kayak / On peut faire du ski nautique / Un aquarium avec poissons et requins / Bowling / Mini-golf / On peut faire de l'équitation / Beaucoup de restaurants du monde entier / Plein d'endroits pour manger des Fish and chips.

Il n'y a pas : Le cinéma est actuellement fermé pour travaux / Il n'y a pas de restaurant de cuisine française.

CORRIGÉS

COMPRHENSION À L'AUDITION

Thème 1

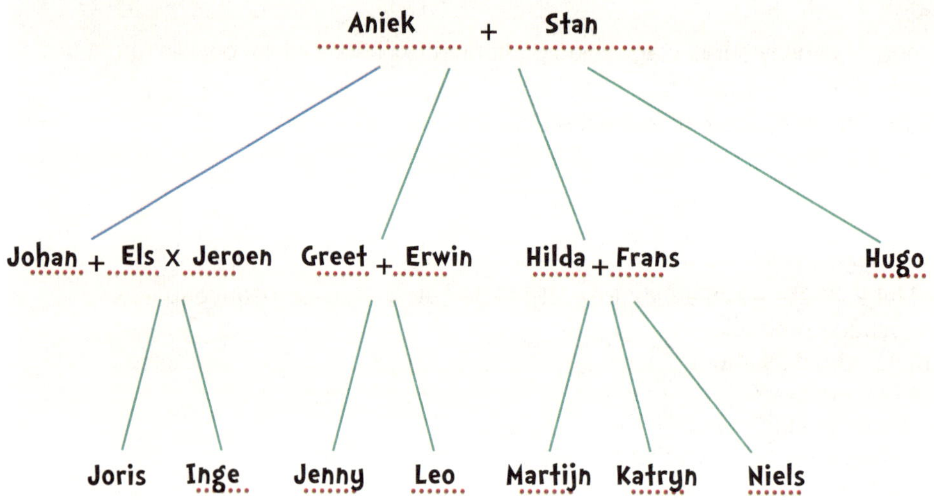

Joris : Il étudie à Louvain. / Els : Elle est professeur dans l'école de Joris. / Hugo : Il n'est pas marié/ il est chouette/ il a 37 ans. / Inge : Elle est belle/ C'est la petite-amie de Joris. / Johan : Il est boulanger/ il a 43 ans. / Jeroen : Il habite en France/ il a 45 ans. / Niels : Il a 2 ans/ il est drôle. / Aniek : Elle adore sa famille. / Dirk : Il est décédé. / Erwin : C'est le beau-frère d'Els / Il est informaticien/ Il a 49 ans. / Frans : C'est le beau-frère d'Els/ Il est cuisinier/ Il a 41 ans. / Hilda : Elle a trois enfants. / Martijn : Il a 10 ans/ Il aime le football. / Greet : Elle a 2 enfants. /Jenny : Elle a 17 ans/ Elle est très grande. / Leo : Il a 12 ans/ Il est sportif.

Thème 2

Âge : 25 ans
Taille : 1,85 m
Cheveux : courts et blonds
Yeux : bleus
Vêtements + détails : short noir avec poches sur le côté/t-shirt bleu avec inscription en allemand/des baskets roses
Signe distinctif : tatouage avec un serpent
Où : sur le bras gauche

Le numéro à appeler : 01873565783

CORRIGÉS

Thème 3

	Lundi	Mardi	Mercredi	Jeudi	Vendredi
8.45 9.45	Néerlandais	Histoire	Néerlandais	Géographie	Anglais
9.45 10.45	Info	Français	Info	Français	Info
10.45 11.00	Récré	Récré	Récré	Récré	Récré
11.00 12.00	Math	Géo	Histoire	Math	Math
12.00 1.00	Gym	Néerlandais	Gym	Dessin	Sciences
1.00 2.00	Temps de midi	Temps de midi	Temps de midi	Temps de midi	Temps de midi
2.00 3.00	Sciences	Théâtre	Math	Français	Français
3.00 4.00	Football	Piano	Piscine	Piscine	Football

Thème 4

Elle commande un sandwich et un coca light pour un montant de 6,95€.
Elle donne 10€ et reçoit 3,05€ de retour.
On lui propose des fraises, bananes ou pommes. Elle choisit une banane.
'Een prettige dag'

CORRIGÉS

'Thème 5

CORRIGÉS

Thème 6

Tu n'auras peut-être pas les mêmes réponses que les autres en fonction de ton avis. Voici donc la liste des éléments du texte que tu pouvais placer :

- Voyage à but linguistique.
- Il est resté deux semaines au printemps.
- Il a logé dans une auberge de jeunesse, mais ce n'était pas propre et la nourriture était horrible. De plus, c'était tout le temps la même chose.
- Il a travaillé dans un supermarché ou dans un bureau toute la journée.
- Il a eu le temps d'aller visiter Barcelone et d'aller à la plage, car le temps était assez bon.
- Il aimerait y retourner, mais pour passer de vraies vacances cette fois.

Thème 7

	John	Caroline
	Sport à la télévision Matchs de football à la TV Films policiers Lire son journal à la terrasse d'un café ou près de la piscine Se reposer Soleil	Sport Tennis Lire dans son lit Pièces de théâtre Sport en vacances Faire des visites Vacances d'hiver
	Sport Lire (à part son journal) Pièces de théâtre	Regarder la TV Bronzer en vacances sur la plage

Comment font-ils pour s'entendre ? Chacun choisit à son tour.

Thème 8

	À la côte	À l'intérieur du pays
Demain	Pluie le matin. Soleil et froid l'après-midi. 5 degrés. Vent le soir.	Pluie le matin. Soleil et froid l'après-midi. 2 degrés. Brouillard le soir.
Les jours suivants	10 degrés. Nuageux.	Gel la nuit. 15 degrés. Nuageux.

CORRIGÉS

Thème 9

An et Thomas mangent le plus équilibré.

En effet, ils prennent un petit-déjeuner composé de céréales, thé, œufs et pain. Ils boivent du jus d'orange. À midi: soupe ou sandwich avec salade. Après-midi: thé + gâteau. Soir : viande ou poisson avec pommes de terre et légumes.

Tandis que Carla ne déjeune pas ou alors avec des biscuits. Elle boit deux ou trois tasses de café avec du sucre. Pour le diner, elle mange un sandwich ou une pizza et boit un coca. Pour le souper, elle va dans un fast food et mange un hamburger-frites et boit une bière. Elle mange aussi beaucoup de chocolat, presque jamais de fruits et déteste les légumes.

Thème 10

1) ~~Il a été à la boulangerie~~
2) ~~Il a été à la boucherie~~
3) ~~Il a acheté des fleurs pour une amie malade~~
4) Il a été lui rendre visite à l'hôpital
5) ~~Il est passé à la pharmacie~~
6) ~~Il a été faire des photos chez le photographe pour son permis de conduire~~
7) Il a été à l'hôtel de ville pour apporter la photo
8) ~~Il a été au supermarché~~
9) Il a été à la banque
10) Il a été au magasin de sport pour acheter un maillot à sa fille.

Il n'a pas pu voir son amie, car elle passait des examens médicaux et donc il a laissé les fleurs à la réception avec un petit mot.

L'hôtel de ville était fermé à cause d'une manifestation de Greenpeace pour le climat.

Il a rencontré un ami et a été boire un verre avec. Quand il a eu fini, c'était trop tard, la banque était fermée.

Il a complètement oublié le maillot.

EXPRESSION ORALE

Thème 1

Mijn neef heet Jean Legrand, hij is vijftien jaar oud. Hij woont in Liège. We gaan naar dezelfde school en hij zit in mijn klas. Hij is heel sympathiek. Hij heeft twee zussen. Louise is tien jaar oud en Léa is zeven jaar oud. Hij houdt van voetbal. Hij kijkt graag naar TV en hij gaat graag naar de bioscoop. Hij danst helemaal niet graag. Zijn ouders zijn Marc en Annie. Zijn vader is drieënveertig jaar oud en hij is bakker. Zijn moeder is tweeënveertig jaar oud en ze is lerares. Hij spreekt heel goed Nederlands.

CORRIGÉS

Thème 2

Hallo Andy

Met Thomas. Hoe gaat het?

Ik zou graag het karakter van elke persoon in mijn familie beschrijven. Mijn vader is vrij streng en optimistisch. Mijn moeder werkt veel (is hardwerkend). Ze is moedig maar een beetje verlegen. Mijn broer is soms lui maar hij is heel aardig en ik doe veel activiteiten met hem. Mijn zus is soms heel grappig maar ze kan ook vervelend zijn! Dat hangt ervan af… En ik ben dynamisch en ik houd veel van sport!

Vertel eens een beetje over jou? Kun je je karakter beschrijven?

Thème 3

Op woensdag sta ik om zeven uur op. Ik ontbijt om halfacht, daarna ga ik te voet naar school. De lessen starten om twintig over acht. Ik heb twee uren wiskunde en vervolgens is er een pauze van tien minuten. Na de pauze zijn er nog twee verschillende lessen, Frans en wetenschappen. De schooldag eindigt om twaalf uur. Ik ga naar huis en eet met mijn moeder.

In de namiddag ga ik naar het zwembad tot drie uur. Ik zwem dikwijls met één of twee vrienden. Daarna ga ik thuis om mijn huiswerk te maken. Als ik klaar ben, mag ik naar TV kijken of op mijn computer spelen.

Op woensdagavond eet ik thuis om zeven uur met mijn ouders. Na het eten neem ik een douche en ik luister ook naar muziek in mijn kamer. Ik ga om halfelf naar bed.

Thème 4

Hallo, ik wil graag een sla met kip en een appeltaart alstublieft. Als drank zal ik een cola en een limonade bestellen. Ik zou ook graag een ijs willen hebben alstublieft.

Thème 5

Op de benedenverdieping is er een garage en twee slaapkamers. Er is ook een grote kamer om te eten, te koken en om naar TV te kijken. In deze kamer is er een eettafel voor tien personen en een salontafel. In de woonkamer kan je twee sofa's en een comfortabele stoel vinden. Er is ook een grote televisie en een open haard. Naast de keuken is er de waskamer en het toilet.

Op de eerste verdieping zijn er twee badkamers, twee slaapkamers en een bureau.

Het huis heeft ook een zolder en een kelder.

Thème 6

Deze zomer heb Ik een heel goede vakantie in dit land doorgebracht. Mijn vader heeft een appartement gehuurd op de eerste verdieping van een houten huis in de Alpen. Ik was er met mijn ouders, mijn broer en mijn zus. Er waren twee slaapkamers maar mijn broer heeft op de sofa geslapen. Het uitzicht was prachtig: we konden de bergen zien en de lucht was altijd blauw. We zijn daar acht dagen gebleven, van zondag tot de volgende zondag. We hebben veel activiteiten gedaan; we hebben veel gewandeld en we hebben ook gefietst maar het was moeilijk. Fietsen in de bergen is alleen voor professionelen! We hebben verschillende steden bezocht en lokale voeding geproefd. De Franse "raclettes" zijn echt lekker!

CORRIGÉS

Thème 7

Roger Federer is op acht augustus 1981 om twintig voor acht geboren. Hij komt uit Zwitserland. Zijn lievelingsnummer is achtentachtig. Hij draagt graag een bandana als hij tennis speelt. Hij staat graag vroeg op. 's Morgens bereidt hij alles voor. Hij neemt een volledig ontbijt. Hij houdt van golf, tennis en ski. Hij speelt graag kaarten en videospelletjes. Hij houdt helemaal niet van dansen en hij zwemt niet graag. Hij is gek op AC/DC en Lenny Kravitz. Zijn lievelingsfilm is "Good Will Hunting".

Hij bezoekt vaak zijn familie en hij ziet vaak zijn vrienden.

Hij spreekt Duits, Frans en Engels.

Thème 8

Dit weekend ga ik niet naar school, dus kan ik andere dingen doen. (Op) Zaterdagmorgen mag ik langer slapen en ik heb veel tijd om een volledig ontbijt te nemen. Ik vind dat heel aangenaam. (Op) Zaterdagnamiddag zal ik met mijn beste vriendin gaan winkelen. 's Avonds zullen we naar de discotheek gaan en ons veel amuseren / veel pret maken…

Op zondagmorgen…

Thème 9

Ik zou graag zeggen dat sport heel belangrijk is voor jonge mensen.

Als je niet aan sport doet, word je dikker. Je wordt lui. Je wil altijd thuis blijven en videospelletjes spelen.

Als je regelmatig aan sport doet, voel je je goed. Je bent blij naar buiten te gaan en andere activiteiten te ontdekken. Je beweegt veel en je blijft slank.

Ik speel voetbal twee keer per week: op maandag en vrijdag en er is altijd een wedstrijd in het weekend. Ik ben lid van een club, ik heb veel vrienden en we komen soms bijeen voor andere activiteiten.

Ik begon voetbal toen ik zeven jaar oud was en mijn vrienden van het voetbalclub zijn mijn beste vrienden geworden.

Thème 10

Excuseer me, kunt u me de weg wijzen tot de Mardasson, alstublieft?

Jazeker.

We zijn hier in het toeristeninformatiekantoor. Op de Grote Markt.

Je moet door deze straat lopen. Voorbij het stadhuis sla links af en volg de straat tot aan het einde. De kerk is aan je rechterkant en je bent tegenover het museum.

Sla links af tot de rotonde en ga rechtdoor. Na het winkelcentrum aan je rechterkant, ga steeds rechtdoor. Sla links af aan het kruispunt. Je bent op de weg naar de Mardasson. Het monument staat 500 meter voorbij het kruispunt aan je rechterkant.

CORRIGÉS

EXPRESSION ÉCRITE

Thème 1

1. Nom: Mijn achternaam/familienaam is…
2. Prénom: Mijn voornaam is…
3. Âge et date de naissance: Ik ben…jaar oud. Ik ben op…jarig.
4. D'où tu viens: Ik kom uit…in België
5. Frères et sœurs: Ik heb…zus/zussen en…broer/broers. Ik heb geen zus/broer. Ik ben enig kind.
6. Loisirs: Ik houd van voetbal/tennis. Ik dans/zwem graag. Ik houd niet van sport. Ik kijk niet graag naar TV.
7. École: Ik ga naar school op het atheneum, instituut… Ik zit in het tweede jaar optie…
8. Animaux: Ik heb een kat en twee honden/ik heb geen dier.
9. Musique: Ik ben gek op pop/rock. Ik houd helemaal niet van klassieke muziek.
10. Langues: Ik spreek Frans en een beetje Nederlands.
11. Pourquoi tu aimerais aller en Zélande: Ik zou graag naar Zeeland gaan omdat ik Nederlands wil leren.

Thème 2

Mijn lievelingsmonster heet Rocky. Hij heeft een enorm rond, groen gezicht met grote rode ogen. Hij heeft geen haar maar hij heeft een bruine vuile hoed. Hij heeft ook drie monden met veel tanden!

Hij is heel groot, ongeveer drie meter. Hij heeft vijf armen en tien handen. Zijn lichaam is zwart en grijs. Hij heeft geen been maar vier kleine voeten.

Hij is een monster maar hij is bang voor alles en iedereen. Hij is heel verlegen maar altijd heel lief.

Thème 3

Hoe laat ontbijt je?
Hoe laat sta je op?
Hoe laat vertrek je naar school?
Hoe laat eet je op school? Waar eet je tijdens de middagpauze?
Hoe laat ben je vrij?
Hoe laat ga je naar bed?
Waar houd je van? Welke zijn je lievelingsvakken?
Waar houd je niet van?
Hoeveel lessen heb je per dag?
Welke activiteiten doe je na school?
Wat doe je tijdens het weekend?
Hoe vaak doe je deze activiteiten?

CORRIGÉS

Thème 4

Ik neem geen ontbijt. 's Morgens heb ik geen honger. Ik eet graag fruit maar ik houd niet van groenten. Ik ben gek op bananen. Ik eet ten minste 3 stukken fruit per dag. Om twaalf uur eet ik vaak een of twee boterhammen met chocolade of salami. Ik houd niet veel van kaas of ham. Mijn moeder maakt het eten klaar en ik help haar vaak. Om te drinken neem ik altijd water. Cola is niet gezond. Soms drink ik ook een beetje sinaasappelsap.

's Avonds eet ik een warme maaltijd. Ik houd heel veel van vlees met aardappelen. Ik vind dat lekker. Ik eet ook soms een beetje vis, maar ik eet liever vlees. Ik drink ook vaak een glas wijn maar ik ben niet gek op alcohol.

Thème 5

Mijn ideale kamer is heel groot en comfortabel. Naast de deur is er…

Het bureau staat tussen de… en..

Het bed is tegenover.

Aan de muur hangt/ hangen…

Op de grond ligt/liggen…

Aan de linkerkant vind je…

Aan de rechterkant vind je…

Thème 6

Exemples de questions :

- Waar ben je naartoe geweest?
- Waarom ben je daarnaartoe gegaan?
- Hoe was de voeding?
- Wat deed je het liefst ?
- Hoelang ben je daar gebleven?
- Waar heb je gelogeerd?
- Hoe ben je gereisd? / Welk vervoermiddel heb je gebruikt?
- Welk hotel was het best?
- Hoe was het weer?
- Heb je veel vlees gegeten?
- Wie heb je ontmoet?
- Heb je de taal geleerd?
- Wanneer is je reis begonnen?
- Hoeveel heeft dat gekost?

Thème 7

Mijn broer en ik zijn heel verschillend. Ik fuif graag maar hij blijft liever thuis met mijn familie. We houden allebei van sport maar ik speel graag tennis en hij speelt liever voetbal. 's Avonds kijkt hij graag naar TV maar ik luister graag naar muziek. Tijdens het weekend slaap ik langer dan mijn broer. Hij staat vroeger op.

CORRIGÉS

Thème 8

In België is het weer heel verschillend dan in je land.
In de zomer is het weer warm maar niet altijd. Het regent soms…
In de herfst vriest het gedurende de nacht. Het weer is kouder en het regent meer…
In de winter sneeuwt het vaak. Het weer is koud en het vriest veel. De lucht is dikwijls bewolkt…
In de lente is het een beetje warmer en de zon schijnt meer/vaker…

Thème 9

Ben ik echt gezond?

Ik ga regelmatig naar de dokter maar ik ben niet vaak ziek. Vorige winter was ik verkouden maar dat is alles. Ik slaap ongeveer acht uur per dag. Soms langer in het weekend want ik ben moe. Ik speel tennis een keer per week op woensdag met mijn vader en ik zwem twee keer per week op dinsdag met de school en een andere keer met mijn broers en mijn zussen in het weekend. Ik woon op het platteland in een huis met een grote tuin. Ik fiets en loop heel graag. Ik eet gevarieerd. Ik houd veel van fruit en groenten maar ook van hamburgers en frieten.Ik eet soms snoepjes en chips maar niet vaak.

Thème 10

Beste pennenvriend,

Hoe gaat het? Ik voel me goed maar spijtig genoeg zal ik niet aanwezig kunnen zijn om je aan het station op te halen. Ik moet langer op school blijven om een project met enkele vrienden voor te bereiden.

Daarom stuur ik je een map met enkele inlichtingen om van het station naar huis te gaan. Maak je geen zorgen, het is niet moeilijk.

Als je uit het station komt, sla je links af. Daarna neem je de tweede straat rechts. Mijn huis is voorbij de supermarkt aan de hoek tegenover het postkantoor.

Imprimé en Europe

Dépot légal : D/2016/9685/15 – ISBN : 978-2-87546-183-4 – EAN : 9782875461834